Dejt med Björk

Dejt med Björk

Niklas Aurgrunn

© Niklas Aurgrunn 2021

Förlag: BoD – Books on Demand, Stockholm, Sverige

Tryck: BoD – Books on Demand, Norderstedt, Tyskland

ISBN: 978-91-7969-056-4

Till Valle & Bellan såklart

Håller mitt hjärta med två händer
Känner hur det slipprar, ser hur det rycker
Lutar mej fram och försöker höra,
det låter som Buffalo Stance

Underkylt regn
Trampar ipod genom Söderorts slummerstäder
Skälver av skön ovisshet

Drömmer om en helgöde byggarbetsplats
Hittar och plockar med mej två ihopvikta helt oanvända
presenningar
Blir så otroligt lycklig

Vinterns första snöfall, en av de allra sista vintrarna
Sexhundra meter i Sara Sjöströms hemmabassäng och den
sista av de grillade parmesanzucchinisarna medan gitarren
torkar in i den dimmiga gläntan på nattens stora akryl
Och allt annat som kittlar och gnuggar denna dag i
knävecken och hårbottnen och strax bakom de blinda
fläckarna

Åttaåringen tefatande nerför den vitpudrade grässlänten i
Skönstaholm, månen inte riktigt full men bladig nog
Vardagens små bortglömda ynnestar: att faktiskt få lov att
trängas på Mat-Dax i Hökarängen igen!

Heron City, salong 4: Breaking Dawn - del 1,
vad gör vi här, egentligen?
Barnens famlande efter identitet, efter formar att gräddas i
Och föräldrarna i sina, med rämnande hjärtan

Sent om natten läser jag Doktor Glas (det var väl dags) och
skriver om ett dödsbesked
Brottar mitt livs banaliteter giltiga, efter bästa förmåga
Ja det är minnena som ser oss; jag varken ser eller föreställer
mej längre nånting på egen hand

Konsten är att lyssna på vad de säger, minnena
Det kräver natt och sovande ungar
Det kräver rejält med grus i ögonen och kapitalt utvakat och
närmast avtuppat ego

Ångrar att jag aldrig köpte nåt vykort av den där killen i
gången mellan T-Centralen och Centralstationen
Jättemycket annat ångrar jag väl faktiskt inte
Aaah, liv!

Lyssnar på Bach (Toccata in D Minor) och minns den
fantastiska tecknade teveserien Det var en gång - femton
jeansjackade drular nerknödda till högtid på övervåningen
i Peters pärons lilla myslåda på Halvorsväg i Trollhättan
1978 eller så
Stearin och pecannötter
Ord, orden i sej själva och allt som med glatt grinande
livhanke tjuvåker mellan vagnarna!

Ajax, akryl och tallbarr; konverserar krycktanten i
tvättstugan
Prickar av listan för fredan den trettonde: situpsen,
pushupsen, bär ner den bortglömda julkransen i källarn
Hör hur tystnaden smeker längs örontrumpeterna

Trettisex längder i Torvallabadet, sen får jag nåt slags
flytrulle i huvet och ger upp
Varför skriker alltid barn när de blir fler än två eller tre, de
säger ju ingenting, bara gastar på full volym?
Dock: kan ännu höra dem och det är musik i sej; blodet
rusar, porerna andas, jordens oro dansar och svänger!

Nattklementin och ett par sidor Iron Age i väntan på
sömnen
Fet rapé, långt ut till höger
Hela heliga förundringen om igen

Uppvaknandet är ett vinterdopp i Strömmen
Ögonen formar dagen av dimma
Och så går det på

Gloppet över fältet
Hundtanterna
Arytmierna

Sysselsättningarna, allt jag vill att jag måste
Schopenhauers sneda leende
Jag stryker honom över kinden, och han låter det ske

Pumpen skuttande på fjärde dygnet, femti snabba situps
reglerar bara tillfälligt rytmen
Seg partiledardebatt
Spenatsoppa

Märtha Louise och hennes änglar
Redigerar en saga på engelska åt Kindle och Amazon
Begagnad Rapé, dock är två och ett halvt kilo hemhackat
enligt uppgift på väg från leverantören nu vilket borde
sänka årskostnaden med mellan tio och femton tusen om jag
lär mej suga lite längre på dem också och det ska jag

Fyrahundrafemti olästa sidor Meyer
Bläck i pennan
Full känsel, full rörlighet

Hamstern försöker bita sej ut ur buren, eller om den
musicerar
Virka amigurumi av Mia Bengtsson
Blänkande pölar i mörkret

Blond hårslinga över vänster öga, på rymmen från
hästsvansen
Idéer äntligen, den ena efter den sjunde
Välsignelse

Mysfredag allaredan
Strör några ord över bildskärmen, tomma på mening, fulla
av lust
Och går och lägger mej med allt som är kvar

Grabb med get i koppel, intill gungställningen
Hoola Bandola, sprucket men innerligt från minareten
Skidskytteeliten är långt härifrån

Oppositionen byter ledare igen, det var nåt obestämbart
irriterande med den där käcka mustaschen; jag vill att det
forskas ordentligt nu på vad det var
"Kim Andersson är helt fri, varför skjuter han inte på kraft
där!"
Tror jag ska måla mej ett kladd till

Gul ockra
Vandykebrunt
Titaniumvitt

Ensamma flingor virvlande sina miljarder
Ensamma män spårande genom nattmodden
Hamsterhjulets tappra gnisslande

Mitt i Söderort
Öronsnäckor och CSN-blanketter
Doften av nyss utbrunnet stearinljus

Hjärtat som bråkar och står i för att plötsligt mirakulöst
stilla sej
Lusten syrande just under huden
Och så orden som gör sej märkvärdiga

Visar min fru en målning men hon tycker färgerna är fel
"Men den där är fin", säger hon och pekar på den inte ens
halvfärdiga duken bakom hamsterburen, så nu vet jag
Den rör jag inte mer

Knappt jag kan skilja längre på nu och sen, och hur mycket
kraft det är kvar i en tretti år gammal pressad fyrklöver vet
jag inte heller
Men om dagarna springer iväg som vilda hästar över
kullarna:
Sitt opp!

Bruset bortom persiennerna i det arla dunklet
Pumpens klipp och klappranden
Hettande barn och sovmorgon

Avvaktar, tar liksom evigt sats
Suger snus, häver arm
Funderar på att sent om sider plugga in
multiplikationstabellen

Suger på hungern, knaprar av törsten
Hänkar på brådskan
Hamstern klättrar upp på översta avsatsen, sätter sej tätt
intill gallret, stirrar ut mej

I det allra första fladdret av februari slår mej att jag inte
matat så mycket som en domherre denna vinter
Muskelvärk, en sån ynnest
Det lite sega skinnet på en halvtorr klementinklyfta

Allt är så vackert, fatta
Allt är så skönt
Undantagen undantagna

Laddar ner en bilstereomanual från nätet
Drar med fingret längs bokhyllan
Låter dammet singla över papperskorgen

Benny Griessel, Therese Johaug, Elin Wägner
Bashar al-Assad, Niklas Aurgrunn, och Pluras morsa
Namnen, bokstäverna, mellanrummen

Allt jag inte fattar, allt jag måste skriva ändå
Livet som flänger förbi mellan vallabodarna och
målområdet
Honken, Plinken, Televinken

Hjärtformad liten blodförtunnande tablett
Koffeinfritt kaffe och ett positivt sinnelag
Löpbandets vinande genom förvirringen

Även min yngsta dotter vill nu gå sista biten själv och jag
lämnar henne vid infarten till skolan, står kvar i ett par
minuter och tittar som en idiot tills jag ser att hon kommit
helskinnad och oantastad nerför den isiga backen mot
lågstadiet
Ett molande fint som snus i den köldspräckta underläppen
På skogsvägen intill det nybyggda äldreboende på
Söndagsvägen hör jag hur marken mumlar i rastlösa
drömmar under den packade snön

Suddar och hungrar
Chattar med tropikerna
Älskar och väntar

Kladdiga ränder av okänt nedfall på balkongdörrsfönstret
Hemköps medlemskort glimmande sina hemliga koder i
sovrumsdunklet
Korsar ORKESTER och BROTTARE med BARNSELE
och ALSTRADE

Blandade libanesiska smarrigheter på Food Court i Kista
Galleria
Av en gammal kass cd och en stenkula gör Titti alla tiders
snurra
Allt som skingrar mörkret för några galanta decennier

Dricker vatten och trycker upp en liten snus längst mot höger
trots att Whitney Houston är död
Trafikstaccatot på Örbyleden är detsamma
Gruset i ögonen, fuktandet i handflatorna

Kopplar försiktigt och ljudlöst ipoden till USB-ingången på
lapen för att ladda batteriet
Lyssnar på den sovande andhämtningen i dunklet bortom
den upplysta bildskärmen
Väljer en väg, går ett stycke till

Formaterar förmiddagen
Reser till Dubai, via Aten
Allt väl, omöjliga vackra påstående

Hjärtats glada kramper!
Slingan av lugg snett över ditt ena ögonbryn!
Åren vi dansar och molar!

Skriver en lapp och lägger på köksbordet: "KÄFTIS!"
Grälar i min tunnaste dotter trekvarts päron och ett halvt
glas Oboy
Låter magen mullra under stretchingen och hör - med något
av ren lycka kittlande i ögonvrårna - hur leveranserna till
nybygget längst in på gatan avlöser varandra

Allt blödigare med åren applicerar jag försiktigt limmet i
min dotters spruckna lerfigurer
Går ut i köket, passerar på vägen rakt igenom hennes barndom
Går inte att greppa känslan i det

Solen bligande från horisonten utan större brådska
En sekundsnabb aning av samma vårvintriga kittling i
bröstet som i tidiga tjugoåren
Kisar och famlar vilset efter den i glad kramp

"Studiedag", som om inte alla
Skovelns skrapande över den infrusna sanden
Skruvar isär den strejkande lavalampan, lokaliserar felet

Slut på papper men gott om te
Bröd att smöra, ljud att höra
Och allt jag inte vet men snart får se!

Faller slask, reser ragg
Nu blir det sådär fånigt igen
Stänger av teven, armhäver kluckande undan det värsta av
olidligheten

Mitt i morgonbabblet, famlande efter koncentration och
överblick
Fönstrets ljustavla, plötsligt splittrad
Syrien som en obegriplig grusig isklump på linoleummattan

Duggar längs E18 mot Åbergs Museum
Liechteinstein, Oldenburg, Pablo - allt som ligger och lurar i
en i väntan på att känna igen sej
Hem igen, tankar vid Järva Krog, eller där nånstans

Lätt åldrad hamster nafsande i en äppelskiva nerkilad
genom burtaket
Krafterna som gav sej från en månad till nästa, hjulet som
står där som på ett vinterbommat nöjesfält
Ömheten som våldför sej på mej

Blod och sand och slemhinnor, och en bit mango- och
kardemummacheesecake
Ett litet häfte med trettitvå enkla skuggfigurer
Otändbara vekar insmälta i stearinet

Utspelade kroater och nattliga omslagsbryderier
Måne över Helgumannen
Måne över allt

Stoppar in ett finger genom hålet på hälen, kliar mej under
ankeln
Korrekturläser och kladdar akryl; indigo under tumnageln
och en liten Gordons med is och citron
Skänker plötsligt Knut Agnred en tanke, detvillsäga tanken
skänker sej själv, mej helt förutan, men det blir ju också
roligare så

Slöjogg i marssol runt Skogskyrkogården, knappa halvmilen,
Peps och Dire Straits och lördagstrafiken från Skarpnäck
Hjärtflimret som ger sej och tiger, tankens fladdrande, saven
som stiger och svetten som rinner
Denna skönt mullrande lavin av sekunder, minuter, dagar,
år

Utsikten över rutblocket, lätt snedställt mot den mörka
teaken
Känslan av den rundade plasten i överstrykningspennan,
fastnypt mellan huden i höger pek-och långfingrar, och
tummen förstås
Lusten till nåt så ljuvligt meningslöst som att formulera
detta

"Stjärnbilderna sparkar i sina spiltor" och månen vältrar sej
i sin stia
Jorden vobblar in i skuggan
Tiden tänjer och drar i sitt hermetiska hölje

Flyger till Vatnajökul och är tillbaka lagom till midnatt
Suger några fiktiva gelehallon
Gör mej beredd att gry

Rider en jetstråle över himlavalvet, kraschlandar men
mjukt i ett avlövat snår vid foten av Högdalstippen
Innan tulpanerna i ölglaset på furubordet ens slagit ut har
de börjat vissna
Vilket å andra sidan också har en vilsen skönhet

Blåser på stapeln av ord, ser den rasa ihop i en helt ny
besynnerlighet
En slinga av is genom urskogen, en halvdant grillad chorizo
intill hästhagen
Barnens blivanden, rönnbärsmust och tacksamhet

Apelsinkärna i lysrörsdunklet, den ser ut som en
miniatyrsnäcka från en eller annan sydamerikansk
Stillahavskustremsa
Kliar mej i arschlet
Skälver vidare på ännu ett dygn

Lyssnar i natten på kontinentalplattornas gnugganden,
kylskåpets suckar
Minns den stora stupan utanför Kathmandu, vinden
som slog i böneflaggorna, rasslandet av bönehjulen, de
muttrande litaniorna inifrån dunklet, solen på den tunna
himlen, hettan i min rakade fontanell
Blundar, drar i mig dofterna från Freak Street

Pumpafrön och trolldeg och min mormors försvunna
linnehanddukar
Nikko Amandonicos Una Bella Spaghettata
Livets slumpgenerator

Nu ser jag min första Singer (Jätten Golem), uppslagen i
det frodiga försommargräset utanför Norra klinikerna i
Vänersborg 1985
Alec Guinness blöta ögon
Ingmar Bergmans slitna manchesterbraller

Venus, ett fett ljus i natten
Men ännu hellre Jupiters bleka flackande där långt bortom
Som han växer in genom ögonen och fyller kraniet!

Koffeinfritt kaffe och liten bit sjuttiprocentig choklad, man
har sina vanor och hangups
Funderar på hur jag ska få in de saltade cashewnötterna i
kvällens middag
Petar i en ganska menlös översättning av Cat Stevens Father
and Son och smörjer munspelet, motionerar flimmerhåren,
sveper som en förrymd ballong över Gubbängsfältet med
förvirrat trots och slutspelsnerver

Vobblande i sidvinden på Östgötaslätten
Stearinfladder i Linköpings domkyrka, hjärtat som saktar
in till ordlösa aningar
All söt meningslöshet som förnyar sej och hugger i, igen

Urstädad hamsterbur i kökssoffan, hjulet stilla och övergivet
Sorgens mirakel
Äppelpaj och långsamma andetag, saknad och tacksamhet

Kliar i skalpen och messmörsmacka
Taggar med insomnia på fejjan, vem har tiden detta bråda
liv
Hur skönt det nu än är för skalder att få tryna

När gruset är uppsopat, när det inte knastrar under skorna
längre
När man glömt dölja Janne Åströms uppdateringar, och
inte ens bryr sej
När engelsk-svenska ordboken och äppelsmoothie och hela
väteskimrande världsrymden, och sånt och allt

Ryamatta, asfaltkokare, Birros beiga Strindbergsfilm
Utrunnen klegga från så många dräpta troll som oförklarligt
rest sej och gått
Morgongrus, det är alltid tidigt

Det är alltid tidigt, finns alltid anledning
River ständigt hål i nacken och i skalpen, just som min far
Dammsuger mentalt, skurar toaletten

Att bara ge sej hän åt våren
Blunda, låtsas
Låta allergenerna kittla

Vindruvor, besvikelser, sötman man pressar ur dem
Fet snus till vänster, ny fart
Öppnar fönstret, greppar en flaska Allrent

Klämmer en avocado på Ica Maxi i Haninge
Backar ut, styr in i solen
Och fäller visiret men inte för mycket

"En tredjedel av världens alla djur är skalbaggar"
Om inte allihopen
Tassar nästan ljudlöst genom livet, svängande med
antennerna

Den suveränt avslappnade hållningen hos en medelålders
brevbärare som med en hand på styret och den andra
fipplande med ciggen cyklar in i skuggorna under
tunnelbaneviadukten vid Tallkrogens station
Upplysningen att Tommy Lee Jones var rumskompis med
Al Gore på Harvard, och allt annat som gonade in sej i
neuronslammet denna välsignade torsdag
Bär ner stegen och snöskyffeln i källaren, skriver in
min dotters vaccinationsdatum i kalendern, diskar ur
smoothieburken, river av Camptown Ladies på Hohnern
(F) och känner hur det stramar i mungiporna

Lägger en guldhamster att vila i en grop bakom ateliern,
just intill det uråldriga röset, under yviga granarmar
En trött och solblekt dartpil ramlar ner från tavlan, sätter
sej på snedden i den steniga myllan
Smålandet viker sej runt oss, håller och döljer våra porer,
hårrötter, nagelband

Persikor kokta i vin och vaniljstång
Det sociala famlandet, halvträffarnas glädje
The Vampire Diaries, men jag tittar egentligen inte

Morgonbrasa, det är den gamla bron över bäcken som
jag drog upp ur slammet i somras och som torkat en
säsong i vedboden, uppstyckad till slut på nya vackert
expressionistiska sågbocken i förrgår
Kaffe och cheddar på råg, ungarna halvtrynande
småmumlande in i förmiddagen; nysnön över vägen och
slänten och grillen och den mossfyllda skottkärran och
tallplantorna intill stenkällaren; står i fönstret och inser att
årets påsk är tre veckor tidigare än fjolårets då vi ju faktiskt
badade varsitt dopp i Lessebo
Läser ut Döden & Co, flyttar över till gungstolen, minns
plötsligt förbryllad men glad hur det glimmade och frös
om inkaguldet i bergrummet under Östasiatiska museet i
vintras

Stjärnorna slocknar och frostnupen sol klumpar in runt
torpet, lägger sej över hygget och över ängen
Sopar upp askan, ställer in grillen, hänger en handduk
på strecket mot inbrottare, rullar upp hela Småland och
Östergötland mot Max-burgarna utanför Linköping
Kolmården, Stavsjö, Saltå Kvarn…all varm vardag och
vass ovisshet, all helig tid vi med varsin påklistrad kaxighet
ändå vågar ta för oss av

Fullkornsbuk
Ljudet av Etta James och ett suddigt minne av kommissarie
Dalgliesh
Torr asfalt och chilensk pepparsås

Bryter upp Sorgegondolen fast flisa för flisa, med det minsta
stämjärnet
Emellanåt lägger jag kinden mot den sekelgamla tjäran,
andas in, låter giftet verka
När allt är över sitter jag med ryggen mot sundet, betraktar
mitt verk, känner hur jorden och vinden mäter mej

Intorkad sperma på ett biografsäte i bakersta raden i Kista
Filmstads salong 6
Slaskstormen dit som under filmen förbyts i inställsammaste
vårsol och finaste däcksprut över vindrutan
Basen i Roadrunner som värker och kittlar ända ifrån det
tidiga sjuttitalets Håjum

Insomnia som ett par små sköna febrar i varsitt öga
Pappersark om lott, som luckor av tveksam espri, rektanglar
av grumligt ljus i teakmörkret
Ett bös på kuddvaret min hustru virkat, på gammelmorfars
kista intill sängens fotände – när jag sträcker mig att ta bort
det så är det inget bös men en fläck barnsnor kanske, och nu
även en vackert meninglös härva bokstäver

Skrattar och gråter genom Stadens ljus och nickar till sen en
stund drömlöst och utmattat
Vaknar, arbetar
Funderar över könsstympade kvinnors rätt att slippa bli
marsipandraperade jubileumslustifikationer på Moderna
Museet

Levon Helm är döende, fast bara på riktigt
Vispande bakom countryburkarna i ett klipp med Cissy
Spacek från 1980
Blicken, lätt himlande, som driver hit och vidare med
decennierna!

Ost och gin
En del gamla bilder jag glömt att jag hade
Plötsligt nattar sej barnen själva och man sitter i deras lätta
andhämtningar och förundras

Den lilla vänder sej i sömnen och fångar mej, håller mej i
drömmar jag inte anar
Tacksamheten har isär och sätter ihop mej igen
Barnen, att inte slarva bort barnen

Snuset på upphällningen men allt annat flödar
Väntar inte på posten
Och kisar inte men blöder, vacklar, älskar

Fasanerna dunsar ner i den vattensjuka terrängen, brutalt
avbrutna i flykten
Var börjar en cirkel?
Jean Renoir borde inte kamma sej

Mjukglass med strössel och samvetskval
Allt sånt fåntratteri
Våren som kryper längst upp i näsan att killa och krafsa på
hjärnan

En kurs i grundläggande japanska från Stadsbiblioteket på
Sveavägen
Mardrömmen att inte få luft, mardrömmen att inte ha lust
Sladderpizza och halv grads resfeber

Vräker ner nyriven fuktig mossa i komposthålet bakom den
sandiga björkvältan vid ån
Morgonens otålighet
Skogens ordlösa förtroenden

I väntan på ett stekt ägg: eldens inställsamma lapande
bakom fönstret i kaminen, och bläcket som flyter ut i fula
former på ett försättsblad utryckt ur Min kamp II
Pissar och stretchar hundra meter bort längs grusvägen
Låter den mulna dagen komma till

Kaffet i solen, i uråldriga men nyoljade trädgårdsmöbler
från återvinningscentralen i Emmaboda
Kaffet man måste dricka upp, kopparna man måste diska ur,
det ordkarga samförstånd man måste bryta för att samla in
kringströdda leksaker
Allt man måste lämna; konsten att älska det ändå

Sluta irritera dej på klisterlapparna på äpplena
Tugga långsammare, tugga med gommen och med kinderna,
tugga med näsan
Rulla det lilla skaftet mellan fingertopparna, försiktigt först,
sen snabbare och snabbare

Ena benet över det andra
Behöver knappt ens läsa kulturdelen längre
Juice, ölkorv, en krusning i dammen på torget i
Bagarmossen: bräckligheten och trotset i varenda sekund -
den mystiska magiska tilliten

Robert Wise, mannen bakom såväl Sound of Music som The
Day the Earth Stood Still, nominerades redan 1942 för en
Oscar för sin klippning av Citizen Kane
Viker gårdagens tvätt; sorterar dagens
Med lite socker i botten går medicinen ner; med för mycket
kommer den snabbt upp igen

Strindbergsutställningen på Bukowskis har stängt när
jag kommer dit men resten av Stockholm hänger där det
ska, promenerar in hela stan i ett flera timmar långt rus
av rappa steg och avslutar med falafel på Folkets Kebab på
Folkungagatan
Bakom Södermalmskyrkan står några killar med
snickarbyxor och självlysande västar och pratar samma
språk som jag pratar, är tvungen att titta efter om jag inte
faktiskt känner dem men det gör jag inte och det är som en
slags uppenbarelse - det går omkring en massa okändingar
med samma mål i mun som jag, de tänker med samma ord
och skulle på mer än ett ungefär förstå vad jag sa om jag sa
nåt
Tar tåget hem med Auxilio Lacouture (det är en chilensk
romanfigur), mekar kaffe och gör mej beredd att ringa
Assistancekåren om ett uppskov med räkningen

Står en fiktiv och ändå sällsamt verklig kvinna ensam i
skymningen intill en gungställning i Jordbro, hon lutar
huvudet bakåt och söker över fasaden framför sej efter svar
Jag sparar och stänger dokumentet, lutar mej bakåt,
betraktar dränerad ett par rullar handtorkpapper från
Beckmans designskola i kökssoffan
Stryker i checklistan

Mellan Eriksdal och Tanto ligger alla åren staplade men jag
tar mej förbi med raska kliv och bara vaga strimmor av sorg
i fonden
En torr ask faller med en tunn och ihålig duns över
promenaden, spricker iväg i klabbar och flisor
Hämtar passet på Bergsgatan lite senare, stryker av mej
hatten och blir officiellt igenkänd

Vid Hökarängsbadet har änderna härjat i fred hela hösten
och vintern och våren och den lilla stranden är fläckig av
träck
I tunneln under vägen kommer en sån mjukarschlad
cykelbyxtönt svischande på trottoaren, jag hoppar undan
med några dåligt valda glosor och koncentrerar mej sen,
älskar honom väl inte men överser trots allt med viss värk i
hjärtat
Broder Daniel och motljus i dungen vid Kvickentorpsskolan

Två ord
Och så ytterligare en rad utan uppenbar mening
Därpå en tredje, blinkande gruset ur ögonen på ett sätt som
verkar antyda nåt?

Kör en vän till tåget i Alvesta och vänder åter till torpet, bär
sten, oljar utemöbler, klipper gräs
Göken skallande i fonden bortom kärret
Hänger handduken på strecket, lägger en fotboll i mossan
Kisar undan utanverket

Suger vällustigt på sjuttiprocentig apelsinchoklad, glömsk av
barnslavarna på kakaoplantagerna
Skakar en matta, googlar en elfirma, laddar en iPod
Beter mej på det stora hela som ett svin, eller ett spån
hursomhelst, krummande bland de andra

Städar balkongen, petar ner salvia och rosmarin och mynta
i hänglådan och sitter där bakom sen
Såpbubblor far förbi, gamla papper går i korgen
Tiden spinner sin osäkra tomgång

Vinden, ljuset, skelettet
Asfalt, gräs, hornhinnor
Rymden, men inte tiden; spåren, men inte åren

Osorterade bilder i en låda
En del annan otålig klåda
Kiwi eller päron, eller båda?

Stora Julkrysset, brända fanor, rastlösa småtimmar
Världen är ett skrivbord och vi måste alla sitta oss varsin
träsmak
Låga moln över Söderort

Rensar, skriver, arkiverar, river
Sött öl, besk förvirring, döende grannfru
Elliott Smith hade aldrig en aning om Miss Li

Ensam i ottan under tid och erfarenhet, under all osäkert
skevande förbryllning
Mina vindar, stigar, fönsterknackande björkkvistar
Alla mina snällt sönderfallande sekunder

En apollofjäril slumpar tvärsäkert över klövermattan
Minnen av regnridåer mellan Hamburg och Bremen, av
surfläsk på en kulle utanför Maastricht
Sten, lavar, Boulevard Raspail, doftljus och läderpluska

Mer av allt och inget, ihopgrottat, sammelsuriskt
Jord, handsvett, hammarvalkar, sågblåsor
Bleka fläckar i gräset vid sidan av dörren där barnen
tömmer pottan och deras mamma hukar i småtimmarna

Solen värmer vinden, skuggorna krymper bort, strumporna
åker av framåt nio och sen vaknar familjen
Dunkar varmt genom nyfikenheten
Bygger bastu, hämtar ödla, leker lek, leker arbete

Vinden på marken, vinden i träden
Hummandet av humla, talltopp, hallonbuske
Mödosamt tar sej en enorm grönskimrande skalbagge över
tröskeln ut från köket, medan bredbandsmodemet vilar

Vaknar i storstugan, med storstugelustar
Fåglarna spritter som lime
Lupin och tjärpapp, björkdunge och trafikförsäkring

Bastun nästan klar och ska bara faluröas
Det varma molntäcket
Smyger att pyssla pyssel medan färgen torkar, blänka iris, ta
in allt vad jag kan

En timmes slösurfande i ottan
Nyfiken husmus i farstun
River av en kvissla, blöder vackert mellan ögonen

Sover allt mindre, det är väl åldern
Minns att mina föräldrar tyckte jag sov bort det bästa av
dagarna när jag var yngre, de fattade inte att det också var
åldern
Finns en tid för nattligt skaldande vid sotiga fotogenlampor,
för växande och värkande; finns en annan för att stå
barfotad i morgondaggen, hungrande och lycklig utan
märkvärdiga uppslag inuti fågelkakofonin

Humlornas studsande mellan smörblommorna i gräset
under det gamla skevande trädgårdbordet
Känner hur det bultar varmt och överseende inuti det
gnejshårda höljet av kontusioner
Tanken att idag snickrar vi färdigt tvättrummet bakom
gäststugan, och tanken att: kaffe!

Regn, öppnar dörren till verandan, låter det korrugerade
plastsmattret omsluta mej
Häller över geckons larver i en tom kaffeburk, pissar i den
emaljerade pottan från loppisen i Långasjö, tänker på alla
de små humlorna därute i rotblötan
Avvaktar utan brådska

Avlägsnar tre getingbon från vinden i Atelier Gäststugan
Ser molntussarna dansa tafatt
Gäspar mojiton ur alla de små ansiktsmusklerna

Stretchar ett pass ute på grusvägen, hör hur det klirrar från
den ohyvlade diskbrädan på andra sidan huset
Tänker på Gary Snyder, och på hur torra mina tånaglar
blivit
Går in och sitter med min dotter sen, knattrande på varsitt
projekt

Hämtar en kattunge i en villa i skogen utanför Duvemåla,
den intar torpet med samma självklarhet som ja jag vet fan
inte
Tystnaden av små tassar, det var exakt vad som saknades
här
Tolv veckor av guld och vitt och rosa tunga, och all lekfullhet
som nånsin blivit över

(Vad är det med katter - det vilda, och ändå ofarliga?
Det oblyga?
Det hjälplösa, ändå så självklart överlägsna?)

Chokladmjölk, plastorm
Toast, vedlår, lättja
Djuraffärstanten i Emmaboda

Ett plötsligt vindkast ruskar hela tomten
Solen värmer i träoljan på jordkällardörren
Rör mig mot vedbacken

Sågar sågen slö
Skriver några halvkassa dikter, målar några halvkassa
målningar
Står i vinden med bara fötter i klövern

Tunnbröd, grovt hackad tapenade
En plötslig bild på facebook av en av min ungdoms egentliga
mödrar
Bra dag, ännu en

Får ta en extratur till Lessebo efter gasol till kylen just
som vi kommit hem men kompenserar med en maxad
subwooferversion av Suzi Quattros If You Can't Give
Me Love, studsande över rötterna på Oves skogsväg så att
Waldegård höjt på ögonbrynen
Böjer nacken, sluter ögonen, vägrar nyheter
Men apelsinglass med konjakskokta persikor igen

Humla i fönstret
Katt under golvet
Larver i en burk

Pratar på
Tänker efter något emellanåt
Lommar kring, säljer en tavla

Hund under päronträdet
Molntrasorna skiktar bort genom varandra
Himmelens oro wiker

Ormbunke och digitalis i ett gammalt loppiskrus
Hundar och ungar och hemkört snus
Livet i gransus och dus

(I motljuset ser jag oss plötsligt alla multna varmt och
syrande, omslingrade, eviga
All fåntrattig irritation det är ämnat att upplösa, och
upplöser
Skuggorna i skymningen, slickande över slänten)

Sprattelmus i storstugan
Grundolja, och sånt
Lassi Karhonen

Tidlösheten som ständig lurar inuti tiden
Rummet som larvar sej i bakgrunden
Orden som larvar med

Man läser en eller fyra sidor
Man skriver tre eller sex rader
Mörkret faller ner och vrickar eller stukar nånting, och
molandet resonerar genom skorrandet av en gammal
televisionsapparat

Frö, skott, tall
Stock, planka, vedträ
Eld, kol, aska

Mystisk värk i vänster lår, som akut solbränna fast utan sol -
tar till mej den också
Morronjavan innan ungarna vaknat
Barfota över daggen mot utedasset med lust och
nödvändighet

Orden och interpunktionen man fått att leka med
Sorgen man fått att väga upp
Förvirringen som bäddar in och stoppar om allting, hela
vägen

Och en tant från Ancud och hennes vackra dukar
Och Sportradion
Och kattens raider på vinden, snart musfritt här nu

Döden, mitt i livet
Orden som abrupt sinar, tystnaden man förvirrad försöker
förstå
All din enorma styrka och rädsla, den famlande blicken och
varma självklarheten - borta i ett enda banalt telefonsamtal

Hulkar ur mej det värsta ur synhåll för barnen men måste
ju ta tag i dagen sen
Så far du med oss att bada i Skruvsjön och krubba i Orrefors
- Lena PH på bilstereon, jag vet att du gillade Lena
På vägen tillbaks mot Kosta tornar ett jättelikt moln med
silverkant upp sej över granskogen och det känns som att du
ser det med mej

Hade tänkt bjuda ner dej att öla och svamla och ana
nånting tillsammans, men hann inte
Så är det
Vi hinner fan aldrig, eller om vi är för långsamma

Ny dag
Vi är kvar
Lätta driver morgonmolnen i sydväst

Tjugofem minuter in på nya dygnet är tänderna borstade,
värmeljusen tända, ungarna i full spinn
Längtar efter kvartsfinalen mellan Sveriges fotbollstjejer och
Frankrikes i London-OS
Och det grusögda kaffet om några timmar, rödpenslandet på
knä bakom skrivarstugan, fjärilarna och humlorna vi ska
kliva över hela dagen, all löjlighet vi ska vårda och värna

Månen över skogen om natten
Silverstråket över hygget, stjärnpulsen
Om morgonen sitter jag med huvudvärk och minns hur
leende liten jag var

Fågelkvittret på andra sidan missförstånden
Vindsuset bortom huvudvärken
Viktlösheten längst inne i flyttblocken

Att lära sej foga tecknen till varandra
Att inte se vad de ska föreställa
Men vad de föreställer

Älgbiff, kantareller
Solsilat regn, skrumpna hallon
Finöl och flammande kamin

Ove segar förbi på traktorn sen
Det mjuka mullret rullar ner genom slyskogen till brunnen
där vi står med storstövlar och hinkar, axen kittlande över
knäna
Hur märkligt verkligt det är

Tid, lätt fuktig och klibbande
Rättar åter in mej i bruset
Justerar pupillerna efter ljuset

Fet fläck på glasögat
En slurk tequila añejo under Pepsin
Kattungen återvänder efter fyra timmars strövtåg runt
veckodagsområdet, slickar sej en minut och stupar i tvätten

Aleppo just bortom horisonten
Aleppo, ändock bortom horisonten
Medlidande och glömska; den skumma lukten här intill
förnöjdheten, och den ospecificerade ljumma kladdigheten
på baksidan av poemerna

Augustiförmiddagen fladdrar in via balkongen, ser mej sitta
vid datorn med en halvt översatt bilderbokstext, stannar
upp och håller sej i bakgrunden
En av mina avkommor tuschar mej en liten elgitarr högt
upp på höger överarm
Och det ringer på dörren

Alltså: vädret, och arbetet
Prydnaderna, identitetsmarkörerna
De oförmodade avbrotten

Sitter still i båten
Spanar försiktigt först över styrbords reling, sen över babords
Anar men bara anar hur sjön stiger

Nervös skolstart och Daniel Espinoza, rumänska
barnhemsbarn och Garry Kasparov
Fuktigt gräs, irish coffee
Sårig förhud, roliga ordkombinationer; förvirring tjock som
gammal grädde

Sensommarsus, hemoglobin
Tusen ställen att strunta i innan du dör
Ceviche, och en finsk ordbok på "Emmas loppis" för'n tia

Det där med hemoglobin
Blodets oupphörliga meandrande bakom slött viftande tyll
Och all denna stadigt härsknande märg

Stirrar mej fånig och fin på vackra bilder av avskräde
Suckar milt genom de sura dunsterna, ställer några ord
intill varandra
Slänger mej plötsligt ett ryggskott efter svansen

Kaffe funkar ju alltid
Soltorr asfalt; mörka moln i fonden, bortom Gubbängsfältet
Titta på katten en stund; le milt

Läser om Rolf Blomberg och minns hur stor världen var
Längtar efter oljekris och nedlagda flygplatser
Det måste kosta på att få träffa kolibrisarna på den
ecuadorianska högplatån, man ser dem inte riktigt annars

Resan ska inte sitta som kvardröjande sus av tryckutjämning
och jetlag
Världen ska mola i skavsår och snedtrampade vrister,
skymma för ögonen av glad och tacksam överdos
Böckerna ska inte glömmas i uttråkade transithallar men
lämnas utlästa i hyddor längs stigen

Rökslingorna från toppen av Cotopaxi tidigt om morgonen
Backpackad asiatisk tjej som ler förbi med alla hemligheter
i behåll
Ovissheten man måste ta sej tid med; och aningen

Plötsligt skyfall över Nynäsleden, jag förflyttas till
Chapman Peak Drive på Kap 1992, utsikten densamma:
asfalt och störtande vatten
Skallens alla ljuvliga lappkast och stamningar; strupsången
som plötsligt fyller hålrummen, resonerande lika rakt som
riktningslöst
Sågar rätt som det är av en tilltänkt kattbräda vid en
sågbock utanför Bauhaus i Länna, pizzastinn och mör,
bubblig i magen, babblig i hjärtat

Plaskar över Gärdet med en liten tjejmilare och bär
motvilligt hem en centerpartiballong
Sammanför förhoppningsfullt Ken Kesey med Den svenska
björstammen
Lämnar dem åt sej själva men stannar i rummet

Rör ut kattmaten med Adobe Illustrator
Stirrar mej en önskelista, med "frisbeeboll" högst upp
Sörjer de redan förkomna små plastplupparna på nya
earplugsen, som om det inte fanns annat att sörja

Bageri.Gubbangen@coop.se
En angrybirdskudde stirrar ut mej, positionerad på
gammelmorfars sjömanskista; glor tillbaks
Och Shibbye och Rimbaud, underrättelsetjänst och
mareldsdrömmar, klasskassa och bombmatta

Slutet av Stone, början på allt annat
Dödar tanklöst en insekt som ser ut som en liten marsian
lutad mot laptopen
Väntar ut en oro

Anders Svensson vill ha fast plats i startelvan, själv har jag
vant mej vid spänningen på bänken
De stumma läderdunsarna som rullar in över det snaggade
gräset
Det lite men bara lite kallare än ljumma vattnet i den
halvfulla plastflaskan

Skarsgårds lite byfåniga Kröyer flinar ljus i morgonen
Vattnet på Skagen, det fattas mej ännu fast så mången bölja
killat mej mellan tårna
Marmelad på osten har jag inte heller provat

Jobbar magen stabil, sakta men tvärsäkert
Trycker och petar i den halvtorra akrylen med en slags
koncentrerad avstängdhet, det är bara så jag har en chans
Och varmt blod och ljummen brie

Börjar titta på ännu en Beck-rulle men det går inte längre,
får inte plats, är som att jag inte är i det rummet längre där
Beck-rullar går att lägga liv på
Stänger av, läser lite Nesbö, lite McCarthy
Kliar katten

Suger på en hunger, rullar den runt gommen
Minns den röda plastfilmen över badrumsfönstret i
Salem, tänker på silhuetterna av krukväxterna bakom
rullgardinen i sovrummet i Gubbängen
Efter tjuge minuters svamp- och vinbabbel stänger jag av
morgonteven

Skjuver så mycket framför mej, nafsande och naggande
Otålig och liksom strakbent
Vrider på nacken, ser magiskt rakt igenom fönsterglaset!

Huvudvärk så tunn och lätt som en halvsugen Tulo bakom
tungan
Livet så stilla att jag blir upphetsad av Panetoz i Kista
Galleria
På ett podium intill står Maria Montazami och
skriver autografer, ler och vinkar mot de uppsträckta
fjortismobilerna

Tidigt på Jorden men allt senare i livet
Sätter mej två eller tre förvirrade tankar, bokstäverna
tumlande som tappade balanser nerför rulltrapporna
Och reser mej och står här sen, att läsa som en öppen tok

Blåstång, rörpost, paraplykrycka
Suger på ett sjögräschips och tänker att jamenvisst
Pillar mej en ny snus sen, i min lilla glänta här mellan
statarlängorna

Joxet av torkad svett och röd jord mellan tårna som jag inser
ska vara där
De idiotiska halvtimmesflinen mellan första och tredje
glasen
Fem halvslöa varv med dottern runt idrottsplatsen i Skruv –
alla heliga ögonblick

Granruskor som drar över handlederna
Vågor som bryter mot förstäven och duggar ner över knäna
Frågorna man får av de små och inte kan besvara

Känslan ibland nån gång om året – utan brådska och
utan rädsla - av att vara till låns från den söta jorden, den
myllrande stillheten under mej
Det sista förment fullkomnande penseldraget
Bokryggar, fredsavtal, palmbladsrassel, högsommarsuset i
den stora kastanjen vi brukade ställa cyklarna under – och
alla lyckade lurendrejerier?

Kärvar locket av den tunga mässingssnusdosan, känner det
sköna vacuumsuget ända upp till armbågen
Flämtande glöd djupt under askan, och så ett väsande ljud
Går in i det, mer nyfiken än rädd, känner hur det spolar
över mej, känner hur det klämmer och masserar

Luguber oktober med retuscherade kvinnor och brinnande
barn
Alltmedan jag försöker fokusera på kajorna utanför den
gläntande balkongdörren, de låter som kärvande häcksaxar
Bitter bismak på Icas eget kaffe men vet inte hur mycket
längre än så jag orkar mej

Hur ska jag ta in nyheterna och samtidigt göra ett gott jobb?
Knäckta benpipor och hål på knäna
Med vilken röst ska jag läsa sagorna?

Tjugofemte juni nittonhundrasextitvå bildar
socialdemokraten Ismet Inönü ny regering i Turkiet, och
USA:s högsta domstol slår fast att det dels är olagligt att
tvinga skolbarn till morgonbön och dels alldeles lagligt att
publicera bilder av nakna män
Bra dag, den där, liksom denna tills vidare
Rullar ihop första minuten av den mellan handflatorna, att
peta upp i näsan så långt lillfingret når

Solfläck, trampdyna, Herr Gårman och Dinkytoys
Eller: Skånerost och helstekt blomkål, kaleidoskop och
brytningsfel; spelar ingen roll vad du åstadkommer men du
måste åstadkomma som Warhol sa till Reed, du måste gå
till jobbet
Eller jag vet inte

Tittar sent om sider ut ur huvudvärken och åker och bowlar
med familjen i Sickla köpkvarter
Låga moln, varma vindar, blänkande asfalt
Immiga rutor

Skogskyrkogården: knastret av barr under mina inlines
Kivande barn och döingar, torkade aprikoser och
termoskaffets ångarabesker
Den svala luften, de ännu varma händerna

Stycke drivved från en strand på Fårö
Gammal teckning av "värdens bästa pappa" - händerna
i fickorna, hästsvans och jättelik gitarr (eller om det är en
kontrabas?)
Gulnade lövträd intill Örbyleden kittlande genom
läsglasögonen

Souvenirer, förhoppningar, lust och tacksamhet
Förvirring sur och söt som väl mixad pisco sour, med vispad
äggvita skummande över ytan
Och det knäpper i lederna, susar i alveolerna!

"Chanting the names of the Lord you'll be free", ja det är väl
en fråga om definition antar jag, det som allt annat
Nackhår, frömjöl, näsvinge, undervattensgrund
Midja, hålfot, blåmärke; syllar, oro, förtröstan

Står en stund på en skolgård i Nagasaki, ligger under ett
snötäcke på norska gränsen, släpper ut katten och släpper in
honom igen
Cirklar inuti cirklar; man kan ju lika gärna knapra
rödbetschips - att skölja ner sen med överbliven ale
(nuförtiden blir det stundom även ale över)
Vet att ingen av oss nånsin kommer att få något fullbordat;
pusslar lyckligt tillfreds med den insikten ändå vidare,
bristfällig, sakrosankt

Refuserad av Newsmill, då är man på botten - eller om det
till slut är ovanför trädgränsen man nått?
Bara att bryta det sista av fnösket, gnugga eld, värma
spenatsoppa, fylla buken en bit och klättra ett stycke till
Bara att le sej ett nytt riktmärke, plirande genom de svala
molnen som omsluter kalfjället

Solgata över Gubbängsfältet en plötslig minut i den grå
gryningen
Tingeling och syrechock i den, lindansare och luftgitarr!
Skyndar mej hem med all saknaden, all den rosiga gåshuden

Puls och pansar, kriser och kransar
Rör inte min kompis, och ge förresten fan i min fiende också
Värm bara försiktigt under hemoglobinet som allt är inlagt i

Stryker vitt över en vagt irriterande canvas, spolar hastigt
med varmvatten, lutar mej över verket och känner hur
lugnet lägrar sej runt elden
Solar plexus, blänkande slemhinnor
Minnen av vidsträckta dalgångar

Lyssnar: det mjuka bläddrandet av återvunnet papper,
knastret av för tidigt påsatta vinterdäck, klicket av rosa
överstrykningspennehatt
Dämpad klang av kattbräda mot balkongsida
Pulsen just innanför vänster trumhinna

Mörkret faller men utan att slå sej, skrubbar sej lite nästan
skönt i ena handflatan bara
Audreyhepburnsöndag, drömmar om Rom och Tokyo, bruset
av riksväg 73
Tappar upp ett bad; reser

Världen bakom persiennskidor
Dammet över bildskärmsverkligheterna
Trötthetens polisgrepp på lusten

De mönsterlösa däcken som skvätte längs den regnblanka
asfalten på Klara Norra Kyrkogata vintern 1975; fettet som
fuktat igenom och löst upp hamburgerbrödet på McDonalds
vid Stadsbiblioteket lite senare; scoutmärkena och
blåtirorna; snön som föll och åren som gick och vi med dem
Så länge sen, så alldeles nu
Livet ihopknådat inuti knytnävarna som öppnar sej till slut;
decennier som vecklar ut sej och hänger vid grenarna ett
tag, singlar som fransiga höstlöv sen mot högarna av redan
färdigsinglade fransiga höstlöv intill trottoaren

Buffrar, laddar, läcker
Sipprar
Här och då och så småningom

Kardemummabulle i Farsta Centrum med huvudvärk och
Carin Jämtin
En enda långsam droppe Loch Lomond
Varma leder, bultande ben

Här kommer natten
Här kommer resten
Här kommer allt du inte har en aning om

Här kommer mörkret
Här kommer den dumma vackra vågen
Här kommer all tvekande fanfar

Här står du
Här staplar du din luddiga längtan
Här skriker du din tysta bön

Här kommer natten
Här kommer allt du nånsin önskat
Här kommer allt du aldrig ens kan hoppas att begripa

Som pilt träffade jag en gång Bengt Danielsson i trapphallen
i Nationalmuseum, och jag gjorde väl aldrig nåt större sen
Virade in mej i det magnifika skägget, fastnade, kom aldrig
loss
Sticker ut en av mina allt rynkigare darrhänder ibland
bara, nu till exempel, famlande efter snus eller en kopp
rooibos

Tar den lilla vrålapan i nackskinnet och låter den
promenera upp och sätta sej på min högra axel; solen steker,
kanoten kränger, floden sjuder lätt i middagsgasset
Vänder mej om, blickar uppför den enorma
Holmenkollenbacken, känner hur det kittlar i testiklarna
Vänder mej igen, ser hur en jättelik anaconda slingrar in i
strandruffen på grunt vatten

Hundraåttientusensexhundrafyrtisex kronor och femtiåtta
öre fick han, Hemingway, i Nobelpris; det mesta gick till
kreditorerna
Pillar i de krackelerade förhårdnaderna, petar upp flikar av
dött skinn
Drar men långsamt, känner med ett ilande av liv hur bitar
av friskt kött följer med

Jonie Mitchell går in på sitt sjuttionde (snart åttionde när
jag renskriver)
Universum blåser upp sej, sträcker ut allt det blå ljuset tills
det fladdrar rött överallt i fonden
En skvätt rom för slutet av de första tretton komma sju
miljarder åren

Liten ullig vädur bakom den uppvikta laptopen
En teckning av Fozzie Bear, en annan av fröken Piggy
Upprörd mailtrafik

Lägger näven intill knät på den kosmologiska konstanten
och ger den ett hästbett
Det är kanske med universum som med Benjamin Button
att rynkorna slätas ut allteftersom?
Jag vet inte, jag vet inget

Gå är nånting som man gör med fötter
Knäcker är nånting som man gör med nötter
Stoppar in orden i meningslösheten - så att det blir mjukt, så
att stötarna dämpas

Illa är nånting som stanker luktar; rån är nånting som
banker fruktar
Krattar manege, runt och runt och runt och runt, böjer mej
ner ibland och plockar upp en sten, singlar iväg den över
balustraden
Tro är nånting man inte vet; det osar och ryker om var
hemlighet

Tar färjan till Hierro, det är som att resa med Karon
Sparkar till, måsskriken upphör, dammet ligger fett över
de röda digitala siffrorna på klockradion i bokhyllan intill
sängen
Byter snus

Gammalt trähus i Skurumörkret, lastar våningssäng med
min yngsta dotter i novembermörkret
Ljusslinga runt en enorm idegran
Allt som har hänt här som vi inte vet; allt vi inte ens tänker
på att ana

Tiden kompakt men fjädrande, när man trycker på den
sviktar den tillbaks alldeles lagom frustrerande
Våra stunder som skär igenom varandras, minutrarna
utanför ett gammalt trähus i Skuru som jag aldrig mer ska
återse
Kvinnan där som en skuggfigur i dörröppningen innan vi
slösar hem igen

Kotor, papper
Bokstäver, ligament
Underströmmar, bitreflexer

Stenar, gubbslem, dött gräs
Den fasaväckande vingelsjukan som ingen vet vad den
kommer av, bara döden är säker
Rör mej långsamt, envist, lägger hela min osäkerhet i det

Ungarna hostar i sömnen
Öppnar Bolaños Nazistlitteratur i Amerika
Suger det bästa ur en ny snus, ur ännu en alldeles färsk natt

Skvätt glögg
Kattmat över halva köksgolvet
Samma gamla vilsna hicka

En frusen bandygöl på Håjum i Trollhättan 1967
Ivan Renliden, och den röda saabnittinian utanför Laxness
hus på den svarta lavaslätten öster om Reykjavik
All livets magiska snirkling

Och all smutsig byk, och alla tvättider
Syrgasen de erbjöd vår döende dvärghamster på
Djursjukhuset i Bagis
Förbudet mot vattenspridare i Santiago i december och
januari

Audrey Tautous lugg, och hennes bleka rodnader
Ett skäggigt fyllo i urtvättad kilt utanför Clas Ohlson i
Farsta Centrum
Och Resan till Ugri-La-Brek

Dåsiga bihålor, svullen hals, gnällande nackparti
Gaza och soljuice, missiler, hosta
Partiell förlamning, allmän oförmåga

Kvitton för skatteavdrag
Vicks Fruity Fresh
Empatistörning

Med ett schysst järnrör slår man numera bara ungefär nitti
procent av svenskarna med häpnad (åtti vid renskrivning)
Gubbröra och en del andra såna små projekt
Medan elden tar sej

Presentsäsongen är här
Drönare, nylonskägg, sprillans schaktmassor,
långdistansrobotar och tomtebloss
Blodröd juledöd med krusidull på omslagssnöret

Grappa och kondoleanser
Äggkartong (grön), småtimme, urdiskade kattmatsburkar...
Gemenskapen man måste koppla upp sej mot

Kånkar löpband i Ältanatten
Möter Soran Ismails blick, uppochner
Betraktar en menig amerikan med fiskespö, på avstånd,
intill sjön vid Grafarholt

Skäller ut en telefonförsäljare och säger upp en bekantskap
Livet snärjer vidare
Drar ner en flik av himlen; kysser den omsorgsfullt

Dästa medmänniskor
Om man skulle posera med ett maskingevär?
Arrangerar konstfullt de tomma akryltuberna mot den vita
duken, trampar takten till sekundvisaren

Sydney harbour, Akerselva
Frigolit, allroundlim
Minnen av törst, löften om snö

Ödlan ömsar skinn
En fredrikwikingssonlookalike i rollen som Kerouacs alter
ego Sal Paradise funkar nu inte alls
Vid avfarten från Örbyleden slirar en stulen bil upp på
refugen, in i stolpen

Regnets arytmier
Blåljus studsande i natten
Fett i bihålorna

Dejt med Björk, vi har inte hörts på många år men tar vid
just där vi slutade
Glipan i nedersta kökslådan
Plastpåsar i dunklet

Solen går ner över Aurgrunn
Ismannen kommer
Klirrar och knirkar vackert om uråldriga leder, nötta kotor

Det viskar: "Jag kom, jag såg, jag gick igen"
Det blänker blött och ett knott fastnar i ögonvrån
Regnbågen välter, går i skärvor och splitter

Solen går ner över Aurgrunn
Röken stiger från fyrvaktarbostaden
På södra kammaren höjer någon volymen

Det är komplicerat
Det är inte svart och vitt
Det är blandsaft och stämskruvar

En vecka efter snöfallet kommer plogen till knegarhoodsen,
höftar och hafsar och är försvunnen
Sjukskriven dotter hostande från sovrummet
Geckoödla, Vicks citron

Längst inne i min egen feber: en jordkällare, smält glas
täcker större delen av golvet i förkammaren
Tomma hyllor, en flaska och en burk bara
Flädercider och päronmos

Sjunker ner genom den varma snön, pillar på
förunderligheterna där
Avbruten katt-tand, med lite rosa kattblod underst
En ring av jade, grönare än turkos, med tjugofem år gamla
fingeravtryck på

Star-färjan lägger ut från terminalen i Kowloon, gräver ner
aktern i den krabba sjön
Jag har brev och snus som väntar på postkonoret på andra
sidan
Jag har all tid och kärlek i världen

Beckmans julmarknad, NK:s skyltfönster
Ett kanderat äpple under nattmolnen, sorlet, skriken och
skären från skridskobanan i Kungsan - just dessa skrik och
dessa skär, de som vi fick
Och en trasig koltrast, som en långsam klåda i trappan

Barnen, vad de är och heter
Barnen
Barnen, deras bryska trevanden och försiktigt rämnande
hjärtan

Är lite osäker på vilken det är som är förgätmigej, men
björnmossa kan jag, alltsedan Mulleskolan faktiskt
Släcker ljusen
Nöjer mej en stund med det

Tycho Brahe dog inte av att hans urinblåsa sprack, men
troligare av kvicksilverförgiftning
Av vippkolning dog han, Tycho
Av vippkolning dör vi, småningoms

John McClane drar sin färde i snöyran med ohörbart
klickande epiglottis
Mary Shelley ligger alldeles stilla var hon nu ligger,
slumrande sin eviga omöjlighet
Doppar stiftet i bläckhornet, kluddar mej ännu en oformlig
plump i rullan

Silverfärgad sprickbildning runt molnen
Stackar av lust
Dignande hässjor av hopp

Frågor dansar som yster tumbleweed över vägen
Längst inne i den dämpade kakofonin: prassel av papper,
snörfibrer som brister
Kulörta kulor; rymdens beck

Kalkonen i ugnen
Drömmarna i marinaden
Rädslan på undantag

Droppar, blänker
Natten gnolar oartikulerat
Månens feta stirrande

Sprickorna i muren, all kittlande krackelering i benpipor
och övertygelse
Och stoiskt torkande slemhinnor
Och förvirrat semoforerande flimmerhår

Vättar och myrsyra, allsångsledare och kulturmarxister,
andnödar och syrechocker
Sandstormar, dimfall och blixthalkor - och länge utdikade
grodpölar
All obegriplig halvdager som retfullt knuffar bort igenom sig
själv

Rymden, musiken
Bilderna; djupen och grynnorna
Jamen absolut

Hökarängshimlen, randig av persiennskidor
Kattens obegripliga vithet
Mörkrets flackande som en avlägsen fyr långt där borta i
ljuset

Hökarängen jan – dec 2012
Slutredigerad apr – maj 2021

ANDRA TITLAR AV NIKLAS AURGRUNN:

Till en annan galax (roman) 1975

Förvirringen (roman) 1981

Brända skepp (roman) 1983

Balladen om Utan Vidare och Inte Sant (roman) 1984

Hommager (dikter) 1985

Gud är Nalle Puh (dikter) 1985

Årets bestseller (dikter) 1986

Den där gamla ensamma natten (noveller) 1987

Den notoriske ingenjör Eiffel (dikter) 1987

Det är jag som bestämmer (dikter) 1988

Gå på vattnet, simma på land (roman) 1988

Ungefär allt jag vet – dagbok från Nepal 1989

Kärlekshistorier (dikter) 1991

Känslan av att vara Korak (dikter) 1991

Döda rummet (noveller) 1992

Samlaren (dikter) 1993

Filurien (ill. barnbok) 1994

Stockholm (dikter) 1994

Lögner & tvetydigheter (dikter) 1995

Trasig dikt i ryggsäcken – dagbok från Möllevången 1995

Snaefell – dagbok från Island 1996

Sorgenfri (dikter) 1996

Silverstetoskopet (drama) 1997

Eulalia Stjärnvind (ill. barnbok) 1998

Underland – gravid dagbok 2000

Plötsligt – till ett för tidigt fött barn medan hon sov ikapp (dikter) 2001

Kackerlacka (roman) 2001

Ögonblick av skräckslagen nåd (dikter) 2005

Bananflugan Biggels (ill. barnbok) 2006

Berit och marsianen (ill. barnbok) 2007

Tanten under sängen (ill. barnbok) 2007

Mörkret i utkanten av stan (roman) 2008

Hem till burken (ill. barnbok) 2009

Lingonpuff och Grodmannen (ill. barnbok) 2009

Date med Björk (dikter) 2012

Kameleont – blå blogg 2007 - 2012

Ett stycke genom rymden (dikter) 2012

Gäst hos overkligheten – reseskildring från Trollhättan 2016

Du tysta (roman) 2020

Inte ska jag stå vid din grav (roman) 2020